Wie definiert man Liebe?
Mit dreckiger Poesie?
Ganz egal. Wir brauchen mehr davon.

Jan Frederking wurde am 25.05.1996 in
Witten geboren und präsentiert sein
erstes Werk "Mehr Liebe und Poesie".

Mehr Liebe und Poesie

Gedichte und kurze Kurzgeschichten

von Jan Frederking

Bibliografische Information der Deutschen Nationalbibliothek: Die Deutsche Nationalbibliothek verzeichnet diese Publikation in der Deutschen Nationalbibliografie; detaillierte bibliografische Daten sind im Internet über dnb.dnb.de abrufbar.

Herstellung und Verlag:
BoD - Books on Demand, Norderstedt

1.Auflage 2022
ISBN: 978-3-7568-1765-8

Inhalt

Nur für dich

Eine verschwommene Realität

Etwas erdrückend und
doch zugleich befreiend
Auf eine abstruse merkwürdige Weise
Echt? Unwirklich?
Wer konnte das auch wissen?

Da saß er nun
halbnackt und leicht deformiert
trotzdem hellwach
an seinem Schreibtisch
Marode. Fragil.
Stark benutzt
aber mit Leidenschaft
Eine jahrelange Freundschaft
Er konnte seine Gedanken
schlecht sortieren
Vielleicht war er eher wach
als hellwach
Spielt keine Rolle
Zig zusammengeknüllte Zettel
lagen wie auf einem Schlachtfeld
in seiner Augenweide
Auf dem Tisch, dem Boden
im Mülleimer oder
auch leicht daneben
Er war verzweifelt

Der Stift
in seinen gelblich
nikotinverseuchten Fingern
wollte sich einfach nicht bewegen
Ideenlos
ein nichtsnutziger
unkreativer Künstler
Nein
Eine vollkommen
sinnlose herzklopfende
Existenz
die sich Mensch nennt
Er erstarrte
löste sich scheinbar auf

Der Zigarettenqualm
in dem spärlichen Zimmer
drohte
zu seinem Erstickungstod
zu führen
Er liebte es
sehnte sich förmlich danach
Dieser Abgrund
dieses scheinbar
unendlich dimensionale Loch
in das er fallen könnte
Schwarz
Diese echte unverwechselbare
ehrliche Dunkelheit

Keine Forderungen
Keine Verantwortung
Keine Pflichten
Sein
Einfach nur Sein

Nachts mit dir, mein Freund

Gnossienne No.1 läuft seit Stunden
in Dauerschleife
Und ich träume seit geraumer Zeit
von einem neuen Leben
Einer Existenz, die auch Leiden durchlebt
und
die nach Antworten
auf die gestellten Fragen durstet
die nicht verwundert aufwacht
und sich fragt
warum sie erneut erwacht ist
Eine Existenz, die sich selbst
am nächsten steht
voller Vertrauen in sich selbst
die nach Wissen strebt
Wissen was noch nicht entdeckt worden ist
Abstrus und paradox
trotzdem nachvollziehbar

Ich weiß nicht genau
Ich...ich denke, ich sinniere seit Stunden
leicht gequält, doch voller Hingabe
denn die Nächte haben etwas
magisches an sich
und Satie versteht sein Milieu

Die Nacht ist friedvoll und still
eine Zigarette nach der nächsten
wird entzündet und
ich schaue fesselnd hypnotisiert
wie der Rauch zu Nichts wird
von einem Moment zum nächsten
einfach nicht mehr existent ist

Wann habe ich das letzte Mal
etwas geschrieben,
etwas was mich erfüllend und sorgenlos
zu Bette gehen ließ
Wann war ich das letzte Mal glücklich
aus vollem Herzen
gibt es solch einen Moment überhaupt

Nachts um 2, ein Glas Rotwein
ein 10 oder 12jähriger Whisky oder
ein paar kühle Blonde
Zigaretten und klassische Musik
wirken Wunder

Ich finde in solch Momenten zu mir selbst
kann loslassen, mich entfalten und
mir stockt der Atem zu wissen
auch diese Nacht wird enden
und ich sterbe erneut
werde neu zum Leben erweckt

Danke Satie für deine Gesellschaft
Mein treuer toter Freund

So war das

Ich weiß noch genau

wie es sich einst anfühlte

wenn Vater von der Arbeit kam

mit gebrochenem Gang und

düsterem Blick Richtung Asphalt

wie er Mutter einen Kuss gab und

sich schleunigst in den Keller verzog

Ich weiß noch genau

wie es war

als mein Vater seinen Job verlor

dem Burnout sehr nah

später diagnostizierte man bei ihm

das heutzutage übliche

Depressionen

Nun sind 5 Jahre vergangen

Mit 59 Jahren sucht er immer noch

vergeblich einen Job

entsprechend seiner Würde

doch die Welt hat sich verändert

und zuletzt stirbt nur die Hoffnung

Ich weiß noch genau

wie es ist

der Sohn eines Vaters zu sein

und es spielt für mich schlicht keine Rolle

Arbeitslos oder berufstätig

wenn's nur das ist

Ich bin jetzt 27 Jahre alt

schaue nicht mehr heimlich aus dem
Fenster

und beobachte den Gang des Vaters

ich hab noch nie gearbeitet

und hab es auch nicht vor

und doch weiß ich eines klar

Ich möchte ein Schriftsteller sein

Ein Schriftsteller

der eine Schreibblockade hat

So war das und so ist es

Kaputt

und schon wieder sitze ich
beim Sozialarbeiter
ich sei ein aufgeweckter
reflektierender
kluger
junger Mann
mit so vielen Chancen
und Möglichkeiten

auf dem Heimweg
denke ich darüber nach
wie es wohl wäre
sich die Kehle aufzuschneiden
es zu überleben
ein einmonatiger Krankenhausaufenthalt
gefolgt von 2 Monaten Psychiatrie
ich komme heil raus
gehe in die Kneipe
treffe die Jungs und Bekannte
und sie strahlt und sieht gut aus

Die wunderschöne große Narbe am Hals

NEBEL

und die Welt lebt munter

und die Erde dreht sich weiter

sie lachen, sie weinen

sie feiern und verletzen sich

sie küssen sich, einer schaut zu

jemand nimmt sich einen Strick

und stirbt

ein anderer nimmt Tabletten

um zu betäuben was noch

mehr schmerzt als der Tod

er wacht morgen wieder auf

jemand verschläft

kommt zur Arbeit

wird gekündigt

er ist nun frei

lebt jetzt auf der Straße

mit neuen Kumpanen

mit neuen Süchten und

neuen Bestrebungen

ein Hund angewidert vom Grün

verrichtet sein Geschäft auf dem Asphalt

sein Besitzer starrt auf's Smartphone

lacht

er hat n' neuen Highscore aufgestellt

und ich

ich schaue zu

gequält und gelähmt

aus dem Fenster

im Café sitzend

allein

mit wem sollte ich

derartige Gedanken teilen

hier ist es kaum besser

eine alte senile Dame schimpft

ihr kleiner Dackel

schaut sie fragend an

sieht zu mir

als wüsste er Bescheid

ein junger Mann liest

einen dicken Wälzer

welch seltener Anblick

die Bedienstete starrt mich an

ich nehme 3 Münzen

lege sie neben die Serviette

ziehe meinen Mantel an

mit Blick Richtung Boden

verlasse diesen trostlosen Ort

just in diesem Moment

fängt es an zu regnen

ich setze meinen Hut ab

lasse mich reinwaschen

laufe gen heim

Gelegentlich ein Philanthrop

Ich würde es abstreiten - vehement mit Ach und Krach. Es ist nicht so, dass ich sie verachte. Ich verstehe sie nur nicht und habe vor Zeiten damit aufgehört, versuchen zu begreifen. Egal ist es mir scheinbar nicht. Ein Teil in mir möchte dahinterkommen. Wissen, was sie antreibt. Warum sie in ihren schicken schäbigen Karren sitzen und sich wie Könige, wie Vögel in Freiheit fühlen. Wie sie in Grüppchen dastehen und lachen, herzhaft aus vollem Munde und sich nicht mehr einkriegen, wie sie aufstehen, morgens um 6 und zu ihrem oftmals allzu verhassten Job gehen, um sich über Wasser zu halten, um Geld zu verdienen, damit sie sich einen BubbleTea kaufen können, zu McDonalds gehen und sich ihre widerlichen Bäuche vollschlagen können, in Diskos feiern - ihr geiles, einzigartiges Leben.
Sie freuen sich auf ihre Freiheit, immer dann wenn das Wochenende näher rückt.
Und bald schon geht's in Urlaub und ganz bald - da geht's dann in die wohlverdiene Rente. Vielleicht mit 70, wer weiß?
Aber dann: Dann wird gelebt und in vollen Zügen genossen.

Ich verstehe sie nicht.
Doch versteht mich auch nicht falsch.

Ich hab euch alle gern.
Den dummen und den Pöbel.
Den Metzger und den Briefträger.
Den Politiker der gelben oder pinken.
Den Einbrecher und alle Gauner.
Die verlorenen und gebrochenen.

Die Fliege, die sterben musste

Ich hatte Luisa schon verabschiedet, als es Zeit war für sie zu gehen. Stille kehrte ein, der weibliche Duft der Lust verflog und die Einsamkeit gesellte sich zu mir. Es war kurz nach vier, das hieß Bier. Okay. Hätte auch zwei sein können oder halb elf, ist mir so egal, so wie die Fenster die ich seit meinem Einzug kein einziges Mal geputzt hatte und es bis zu meinem Auszug auch nicht tun werde. Wie dem auch sei. Ich genehmigte mir ein kühles, pflanzte mich auf's Sofa und fing an *Der Fänger im Roggen* zu lesen. Draußen regnete es seit Stunden, die Fenster auf Kipp gaben ihr bestes den Zigarettenqualm der sich an der Decke sammelte aus dem Zimmer zu entziehen. Mich störte die nicht vorhandene Luft nicht wirklich. Es war ein tolles Gefühl hin und wieder beinahe ersticken zu müssen. Dabei bin ich nicht wirklich der Typ Masochist, auch wenn's Leiden, ins Loch fallen, sich selbst bemitleiden, Zigaretten rauchen und kaum essen, sich betrinken, in Panikzuständen verfallen und das Leben allgemein als Belanglosigkeit abzustempeln enorme Freude macht.

Ich öffnete das zweite Bier, geplagt von fiesen Rücken und nervenzerreißenden Bauchschmerzen, setzte an und trank einen großen Schluck, der leider das Loch in mir nicht füllte. Ich setzte mich an den Tisch und schrieb in Träumereien verfallen über einen jungen fragilen Mann, der mit seinem talentlosen Schreiben sich eines Tages verewigen würde, und von hübschen Anfang 20jährigen Schönheiten angehimmelt wird, während er sechs Meter tief unter der Erde vor sich hin fault.

Eine einsame Fliege kam durch den Fensterspalt herein, schwirrte umher und machte es sich auf dem schwarzen seelenlosen leerem Loch vom Bildschirm des Fernsehers gemütlich.
Ich dachte an Bukowski, wie er schrieb:
Ich sah eine Fliege, taufte sie Benny und schlug sie dann tot. Genau mein Humor.
Ich selbst tötete ausschließlich Spinnen, Mücken und Zecken. Auf die Spinnen könnte ich verzichten, so harmlos sie auch sind, auf eine seltsam natürliche Art widern sie mich dennoch an. Naja, wie auch immer, ich mag die Lebewesen, die Tiere und die Vielfalt sehr und versuche möglichst wenig abzumurksen.

Die Fliege hatte es sich mittlerweile auf meinem Frühstücksbrett, wo noch Marmeladenreste klebten, hin verschlagen. Ich sah sie an und dachte nach. Julius, Nils, Linus, Anton, vielleicht ein Weibchen, Merle, Lilly...Fliegen mit Namen, was'n Scheiß. Egal was soll's, die Langeweile plagte, also sah ich sie mir innig an und sagte laut: Ich taufe dich auf den Namen Freddy. Freddy, die Fliege. Mögest du lang und friedvoll leben. Ich kam mir etwas dämlich vor, aber es war niemand da außer mir und Freddy, also wen juckt's.

Freddy gönnte sich die Marmelade, ich saugte am dritten Bier und die Welt war kurzzeitig in Ordnung. Just in diesem Moment klingelte es und mein Frieden zerbrach in tausend kleine zerplatzte Träume von Scherben. Ich hasste das Geräusch von Klingeln, so sehr wie Hämorrhoiden im Arsch, wie den Lärm von Autos, von Menschen, ich hasste es.

Es klopfte. Schon besser.

Ich trabte zur Tür und Leo stand da, eine Hand in der Hosentasche, die andere Hand hielt n' Rum - billiger Stoff.

Er hatte seine löchrige Jeansmütze auf seiner Glatze und seine Augenringe hingen im fast runter bis zu seinem nicht vorhandenen Wangenknochen.

Ich sagte ihm, er solle seine Stiefel
ausziehen und seine käsemiefenden Füße,
mit den löcherigen Socken in zwei
Plastiktüten stecken, die ich ihm vor die
Nase hielt. Er sah mich ungläubig an, sah
meinen Blick der von Ernsthaftigkeit nur so
trotzte und gab widerwillig nach.
Nicht das ich der sauberste, reinlichste
Mensch war, geschweige denn meine
Bude, aber es gab Grenzen und diese Type
von Grenze, die vor mir stand widerte mich
an. Wir setzten uns, jeder ein Glas in der
Hand und tranken schweigsam.
Er nahm sich eine von meinen Zigaretten,
leicht zögerlich und steckte sie sich an.
>> Haste schon gehört, sagte er. 2:1 haben
die Wichser gewonnen. <<
Ich sah ihn nicht an. Menschen mit ihrem
beschissenen Smalltalk, der Wichser
wusste ganz genau, dass mich Fußball n'
Wichs interessiert.
>> Es regnet immer noch, sagte ich, um
mich dieser Nichtigkeit von Konversation
anzuschließen. Morgen soll's gewittern. <<
Er sah kurz hinaus, nahm einen Schluck und
schlug plötzlich mit seiner Hand auf den
Tisch, sodass ich kurz erschrak.
>> Diese scheiß Viecher...<< Ich sah ihn an,
blickte auf den Tisch und starrte auf dieses
kleine, unschuldige, leblose Wesen. Freddy.

Ich sah Leo an. Leo sah mich an und meine Faust flog in seine dämliche Fresse.

Tragödien, die jeder kennt

und während die Titanic sank

während das WTC in Trümmer zerfiel

Menschen schrien

Frauen kreischten

Kinder weinten

Männer erstarrten

und während der Strick von der Decke riss

die Kerzen der Nacht erloschen

während der Bauer seine trockene Erde sah

und ihm eine kleine Träne

die Wange hinunterlief

es war still wie nie und gleich so tobend

laut wie beim Fußball - wie im Krieg

währenddessen saß irgendwo

irgendwann jemand da

und fragte sich in stiller Verzweiflung

Wann wirkt denn bloß der Kaffee

Ich will kacken und den Tag beginnen

Die Macht der Poesie

Es funktioniert folgenermaßen:

Ich nehme ein kleines Notizbuch und
schreibe eine Kurzgeschichte und zwei
oder drei meiner besten Gedichte hinein.
Vorne notiere ich meine Anschrift, dann
lege ich das Heft zum Vergessen auf eine
Parkbank, einen der Bussitze oder
raffinierterweise auf eine Friedhofsbank.
Und von nun an kommt der schmerzliche
Teil: Warten.
Und mit etwas Glück findet es jemand und
meldet sich.
Und mit etwas Glück ist es eine hübsche
junge Frau, single und gebildet.
Mit makaberem Glück ist es eine hübsche
junge Witwe, single und gebildet, die voller
Trauer ist und von den Gedichten mehr als
nur berührt ist.
Sie liest es, umhüllt von Wärme und
herzzerreißender Lust, voller Sehnsucht
und Neugierde herauszufinden wer
dahintersteckt.
Also klingelt sie und du öffnest ihr die Tür
und sie verliebt sich binnen von Sekunden.

Wenn es nicht klappen sollte mit der Macht der Poesie, so gebe nicht auf und versuche es weiter.
Nach alten Rentnern, Megären und anderen fragwürdigen Gestalten wird sie eines Tages vor dir stehen:
Die hübsche junge Frau.

(Meine Erfolgsquote liegt bei 1:9)

Alle Angaben ohne Gewähr

Taubheit
(Die Taube, die nicht fliegen lernt)

Unbehaglich angespannt.
Nüchtern ist es kaum ertragbar mich in der
Rolle meiner Existenz auszuleben
geschweige denn wohl zu fühlen.
Alles verschwimmt, die Hände zittern und
der Magen schmerzt wie gewohnt.
Kein Drink der Welt kann das beheben und
wo zum Teufel ist diese Pille, die mich ohne
Nebenwirkungen mit Lebensfreude und mit
vorhandenen Selbstbewusstsein vollpumpt.
Ohne Angst, Nervosität und
Panikzuständen die Tiefen des Lebens
erforschen.
Ich will verdammt sein, ein Leben lang
dieses Leid zu ertragen.
Und doch bin ich vernarrt - wie paradox.
Ich will in Armut die letzten Reste
verspeisen, mir von den letzten Cents
ein kühles Bier genehmigen, allein für mich
auf der Trassenbank sitzen, lesen und
schönen Frauen hinterher träumen
ich will mir meine gedrehten Zigaretten
in die Lunge inhalieren, husten und
einen leichten Hang von Atemnot

verspüren, der mir zeigt:
ICH LEBE NOCH

Warum bin ich so traurig und lächele so
selten ehrlich und oft falsch mit meiner
nach Jahren beinahe perfekten Maskerade,
die mir anscheinend mittlerweile
angewachsen scheint.
Ich will schreien, pöbeln, will mich spüren
und erleben.
Ich will mir bewusst sein, dass das Leben
einmalig wunderschön ist.
Ich will eine Nahtoderfahrung, um zu
realisieren.
Du hast nur dieses eine Leben.
Genieße und sterbe.

Manche mögen's dreckig

Ein weiterer trostloser Tag seines
erbärmlichen Lebens.
Es war der 21. des Monats, Sommerbeginn
und die meisten waren gut drauf.
Leuten wie ihm, Schmarotzern, Pennern
und Versagern war die Sonne egal, jeder
Tag bestand ohnehin nur darin sich die
Birne wegzuknallen.
Der 21. - das bedeutete knappe Kasse.
Nicht das sie mal voll sein würde, aber zum
Ende war es stets ein Kampf.
Man könnte meinen es würde ihn
anwidern, doch dem war nicht so.
Nach all den Jahren voll Hunger und
Verderben, liebte er es noch immer.
Das Leid, das Suhlen im Dreck - diese
gottverdammte Armut.
Er bezog Sozialhilfe seitdem er 30 war.
Ein Unfall, der sich nicht vermeiden ließ,
ein Aufenthalt in der Klapse, 3 kurze
aufschlussreiche Besuche im Knast und ein
Selbstmordversuch, der auf der
Intensivstation endete.
Seine damalige Geliebte, für die er kaum
etwas empfand, fand ihn 2005 im
Badezimmer.

Die Spiegel zerbrochen, Erbrochenes an den Wänden, Scherben von leeren Bierflaschen auf den Badezimmerfliesen und ein blutüberströmtes Häufchen Elend in Embryonalstellung in der Badewanne.
Das muss ein Bild gewesen sein.
Er musste sich oft ein Schmunzeln verkneifen, wenn er zurückdachte.
Wie gut das es so kam und so ist, wie es ist.
Er konnte sein Leben weiter durchleiden, weitere gescheiterte Existenzen kennenlernen, ficken, fluchen, sich besaufen und alles verachten, was er sah, fühlte oder nicht verstand.
Das restliche Geld, was ihm vom Staat noch übrig blieb, reichte für ne Schachtel Camel, 3 lauwarme Blonde und ein Kurzen.
Er dachte nicht weit, nicht ans danach, nicht an morgen.
Wenn der Alk leer war, musste sich etwas ergeben.
Aber das musste man ihm lassen, er lebte voll und ganz für den Moment.
Manchmal hielt er sich für eine Art Prophet oder Meister der Achtsamkeit, das Leben im Hier und Jetzt.
Vergiss all deine Sorgen und besauf dich.
Was später kommt ist später ein Problem, das verdrängt werden kann.

Er schlenderte mit einer Gelassenheit die Straßen entlang, man könnte meinen er wäre sorgenlos und zufrieden.

Rechts abgebogen, vorbei an den Grünflächen im Stadtpark zu seiner gewohnten Bank, von der man wunderbar die armen, bemitleidenswerten Menschen, die vom Bürojob, von der Baustelle oder sonstigen erbärmlichen Arbeiten nachhause flüchteten, beobachten konnte, setzte er sich und hielt für einen Augenblick inne.

Der letzte Schluck vom lauwarmen Bier, der letzte Zug an der Kippe, der letzte Blick in den ozeanblau schimmernden Sommerhimmel.

Er machte sich lang, schloss die Augen und schlief ein.

Эсмира

Wenn ich an dich denke

sehe ich dich in der Nacht vor mir stehen

Wenn ich an dich denke

rieche ich noch immer den Vanilleduft

Wenn ich an dich denke

wird mir warm ums Herz und ich zittere

Wenn ich an dich denke

kann ich deine zarte

weiche Wange berühren

ich gab dir einen Kuss auf deine Wange

und einen Kuss auf deine Stirn

du warst wie Porzellan

Wenn ich an dich denke

weiß ich

ich war von Anfang an

verliebt

Auch als ich eine andere Frau heiratete

und auch jetzt wo ich geschieden bin

und du zurück gen Heimat bist

mit einem neuen Mann

Ich bin noch immer verliebt

Wenn ich

,,You wrote >don't forget< on your arm''

Oder etwas von Cigarettes after Sex höre

Dann denke ich an dich

Wenn der Winter hereinbricht

mit seinem tristen dunklen Schatten

und ich nachts allein nachhause gehe

dann denke ich an dich

Wenn ich im Zug sitze und hinaus

auf den leeren Bahnsteig schaue

dann sehe ich dich noch immer

mit Tränen überströmt

und dann denke ich an dich

Ich liege um Mitternacht

auf meiner Matratze

Und starre an meine Wände

Я не могу больше терпеть это

und da wo einmal ESMI stand

ist nun ein großer blauer Graffitifleck

und gewiss

ich denke an dich

Ich träume oft davon

zu dir nach Tula zu reisen

und vor deiner Türe werd' ich stehen

und wir schauen uns an

sagen schweigend kein Wort

wir umarmen uns und das

was längst hätte passieren sollen

geschieht

Wir küssen uns

wir lieben uns

wir sind zusammen – zu zweit

wie für einander geschaffen

und das Universum seufzt und ist erleichtert

Ich frage mich von Zeit zu Zeit

ob du manchmal auch an mich denkst

Vergiss mich nicht

Ich denke an dich

Der goldene Schiss

Vögel scheißen während sie fliegen.
Sie tun es einfach.
Jeder weiß es, aber wird man sich dessen
wirklich bewusst, ist es unbeschreiblich
faszinierend.
Was für ein freies Geschöpf.
Die Kacke fällt vom Himmel.
Es regnet Scheiße - wie unglaublich.

Ehe gut, alles gut

>> Es wird dein Tod sein, sagte die Frau.
Du wirst schon sehen. <<
>> Ach komm, hör mir auf damit. Halt den
Mund und ließ dein Buch. <<
Wie jeden Abend lagen sie im Bett um kurz
vor neun, die beiden Nachttischlampen
leicht gedimmt auf den kaminrot hölzernen
Nachttischschrank und stritten über
allgemein alles Mögliche.
Diese gottverdammte Ehe wird noch mein
Tod sein, dachte er. Aber was wäre die
Alternative, ein Leben ohne Frau schien im
undenkbar. Der Raum füllte sich mit
Zigarettenqualm, der wie Wolken am
Himmel an der mit spinnenweben gelblich
verdreckten Decke ins Stauchen kam und
dem Schlafzimmer jeglichen Sauerstoff
entzog. Er brauchte seine 4, manchmal 5
Zigaretten der Marke West, bevor er sich
endgültig zum Schlafen bereit fühlte.
Er schlief kaum, meistens nur ein oder zwei
Stunden, den Rest der Nacht verbrachte er
mit Träumen, schlimmen Fantasien, gegen
die er sich nicht zu wehren wusste.

Die Vergangenheit, das Erlebte war trotz seines schweren Alkoholkonsums nicht zu vergessen, so sehr er sich auch bemühte.

>> Du wirst ersticken...einen Herzinfarkt erleiden. Du wirst elendig krepieren, sagte die Frau. <<

>> Mein Gott Hilde, es reicht. Was weißt du schon vom Tod. Von meinem Tod. Du begreifst doch kaum das Leben, wie willst du also was vom Tod verstehen. Weib. Du machst mich krank! Ich sterbe vor Wut, vor Unglück mit jemand stupiden wie dir hier im Bette liegen zu müssen. <<

>> Was...wie... du nennst mich stupide? Du...ausgerechnet du?
Jesus, Maria - du bist genau wie dein Vater. Der elende Hund ging qualvoll zugrunde und. <<

>> Wag es nicht meinen Vater in den Schmutz zu. <<

>> Dein Vater! Der ach so gute Mann, der zum Ende hin gehässiger denn je wurde. Ein Kotzbrocken, der Schlimmste seiner Sorte. Ich hätte es wissen müssen. Du bist kein Stück besser. Dann rauch dich doch zu Tode, stirb, los, hier nimm noch eine. Verreck du dummes einfältiges Stück Scheiße. <<

Der Mann sah sie entgeistert an, seine Augen wutentbrannt, die rechte Augenbraue zuckte unkontrolliert und sein schwerer Atem ging über in ein Röcheln, dass klang als würde man einem alten Hund beim Sterben zuhören.

Mit einem Sprung aus dem Nichts, hasserfüllten Blick packte er sie am Hals, die Fingernägel krallten sich wie der Biss einer Viper in ihren zarten weißen wunderschönen langen Hals. Blut lief ihr den Ausschnitt hinunter. Sie gab ihr bestes sich zu wehren, war machtlos und erstarrt. Seine rechte Hand ballte sich zur Faust und er schlug wie eine Furie in ihr widerwärtiges Gesicht, diese dumme schäbige Hackfresse.

Er fühlte gar nichts, keine Liebe und kein Mitleid - nicht einmal Leere.

Es war ein Gefühl von Taubheit.

Vollkommende Stille.

Er sah sich selbst, die Fäuste wie ferngesteuert in ihr Gesicht brettern.

Er war ein Zuschauer, der dieser längst fälligen Tragödie einfach beisaß und gespannt dem Geschehnis folgte.

Stirb. Los. Stirb. Ja du dummes Weib.

Das hast du nun davon. Was sagst du jetzt? Hm? Ich höre nichts. Sag du mir noch einmal wann ich wie qualvoll sterbe.

Weise Meise

Immer noch versunken in Gedanken setzte sich plötzlich eine Blaumeise zwei Meter vor mir auf einen Holzbalken, der zum Zaun gehörte, der die Milchkühe in Zaum halten sollte. Die Meise sah mich musternd an, drehte den kleinen Kopf nach rechts und sah mir tief in die Augen.

>> Hey du, sagte ich. Entspann dich, ich bin einer von den guten. <<

Die Meise gab zwei fast nicht hörbare Pfiffe von sich, flog im Kreis am Zaun herum und setzte wenige cm vor mir zur Landung an. Ich wagte es kaum zu atmen, nahm einen letzten Zug von der Zigarette und drückte sie neben mir auf der Bank aus.

Mit langsamer Bewegung streckte ich meine Hand nach ihr aus. Sie sah mich an, ungläubig und zweifelhaft, genau wie ich und ging drei kleine Schritte auf mich zu. Ich tat es ihr gleich und die Spitze meines Zeigefingers berührte ihre fellbeschmückten Flügel.

>> Hey du, wiederholte ich mich. <<

Sie sah zu mir. >> Ich taufe dich auf den Namen Wilfred. << Die Meise pfiff leise.

>> Darf ich dich mal was fragen Willy, fragte ich, im Wissen keine Antwort zu bekommen.

Führst du ein erfülltes Leben?

Hast du... ich mein, weißt du wie alt deine Artgenossen werden, dass du dich irgendwie darauf einstellen kannst, wie lange du ca. noch hast oder spielt das bei euch keine Rolle? << Sie sah mich immer noch an, mit wie mir schien einem recht fragwürdigem Blick, nicht wissend was ich von ihr wolle. >> Ich mein...fuhr ich fort. Bei unserer Spezies Mensch wissen wir wie es grob läuft, wie lange man hat. Was ich mich frage...wie lebt es sich, nicht zu wissen was Zeit bedeutet, wann der Tod eintritt oder eher, dass ein Tod, ein Ende allen Seins bevorsteht. Weißt du was ich meine?

Ich will dich nicht nerven, dir nicht deine Zeit rauben, bin nur neugierig. <<

Die Meise sah mich an, ging einen Schritt zurück und ehe ich mich versah war sie weg. Ich schaute vor mir, ins Nichts.

Vielleicht war das ein Problem, der Mensch und seine Neugier? Nein, das war's nicht.

Ich blickte hinauf in den strahlend blauen Himmel.

Eine Vogelschar flog vorbei. Bye Wilfred.

Heute, morgen, irgendwann

Hör mich an

ich muss dir noch was sagen

nirgendwo geschrieben

auch ich kann dir nicht helfen

doch sollst du eines wissen

dir bewusst sein das

morgen auch die Sonne wacht

die Samen aus dem Boden sprießen

die Katz die Maus im Maule trägt

und der Bänker lauter Scheine zählt

der Säufer an der Flasche nuckelt

und das Neugeborene schreit

gib Acht das du ja nie vergisst

es existiert nicht nur ein Heute

morgen verändert sich all jenes Sein

Ein paar mg zu viel

Als ich die Frau am Bahnhof küsste

und in den Zug einstieg fühlte ich mich

lebendiger als je zuvor

Ich blickte aus dem Fenster und erschrak

du sahst mich fassungslos an

ich hatte dich nicht bemerkt

wie du die Frau und den Kuss mit ansehen
musstest

Ich sah die Tränen

deine wunderschönen Wangen

wie sie liefen

Ich erstarrte musste weinen

schluckte und mich überkam

eine Panik so stark wie nie zuvor

Der gottverdammte Zug fuhr los und

ich wollte raus und dir erklären

wenn ich nur wüsste wie

Du riefst mich an

Verzweiflung in deiner meiner Stimme

Wie konnte ich dir das nur antun

ich weiß es beim besten Willen nicht

Drum nahm ich eine Pille

1mg

Das Gefühl war unerträglich

Warum küsste ich diese Frau

die ich später heiraten würde

obwohl ich doch in dich vernarrt war

Du

die junge wunderschöne kleine Russin

mit dem schönsten Lächeln und

der wärmsten Stimme

mit glitzernden funkelnden Augen

Die Zeit die wir zusammen hatten

ich warf dich weg wie Müll

Ich nahm eine zweite Pille

1mg

Direkt danach noch eine weitere

1mg

das Gefühl wollte nicht verschwinden und

ich dachte daran du warst verheiratet

und doch verliebt in mich

hätte ich das zerstören können

vielleicht hätte ich Geduld haben müssen

warten bis sich all das fügt

doch so war es nun um uns geschehen

Wenn ich zurückdenke

weiß ich nicht mehr viel

Bruchstücke mehr nicht

Der Zug aus Magdeburg fuhr schonungslos

hart und schnell wie das Leben

ich erinnere mich wie Zugangestellte mich anschrien

packten und aus dem Zug schmissen

ich taumelte am Bahnsteig entlang

blickte nach oben und ich sah

zum ersten Mal den Kölner Dom

Wie zur Hölle landete ich in Köln

Wie schaffte ich es später nach Bochum

Nahm ich einen Bus Richtung Bredenscheid

Ich weiß nicht mehr wie ich meine Wohnungstür aufschloss

zu Bett ging und am nächsten Tag erwachte

auch die Tage danach sind verschwommen

Und die Tragik ist nicht der Fakt

dass ich meine erste Überdosis hatte

Die Tragik bestand allein darin

dass ich dich endgültig verlor

Der Lärm der Stille

Es ist schon lange kaum ertragbar
3 Dosen Bier, n Brot und
ne Packung Käse im Laden einkaufen
sich die Fußgängerzone in der Altstadt
durch Menschenmengen kämpfen
um in einem Albtraum
von Einkaufszentrum zu landen
nur um sich neue Batterien zu kaufen
Menschen sitzen in Cafés
trinken Latte Macchiato, heiße Schokolade
essen Kuchen und Eis
Sie sitzen zu zweit und unterhalten sich
es scheint sie nichts zu sorgen
vielleicht können sie es
für einen Augenblick vergessen
das hetzige unbarmherzige Leben
Ein paar einsame junge sowie
auch ältere Herrschaften
nuckeln an ihrem Getränk
schauen sich verloren um
als würden sie nach etwas suchen
was sie längst verloren haben
Ein abgeranzter Typ mit zotteligem Haar
stöbert in Mülleimern
auf der Suche nach
den guten 25 Cent Pfandflaschen

Komisch
er weiß genau wonach er sucht

Ich gehe in die 3.Etage
Richtung Bibliothek
einer der letzten wenigen Orte
die noch auszuhalten sind
Ein schöner Ledersessel wartet auf mich
Ich setze mich und schaue
durch die frisch geputzten riesigen Fenster
auf die Kreuzung der Straßen und
man könnte meinen
es läuft alles flüssig
Autos halten an roten Ampeln
Menschen überqueren die Straße
während eine Schar Autos
von links nach rechts
ins Nirgendwo abbiegt
Ein Hauch von Ordnung
inmitten vom Chaos
und ich würde lügen
wenn ich sagen würde
ich könnte dem ganzen nicht
stundenlang zuschauen
Meine Verachtung
gegenüber Autos verfliegt und
ich stelle mir vor wie zig Menschen
mit ihren Pferdekutschen
an Ampeln steh'n
Und warten und fahren

warten und fahren
Man hebt den Hut etwas an
grüßt sich und lächelt
und die Welt schwindet dahin

Es wird Zeit zu gehen
etwas Ruhe wartet
auf mich daheim
Allein
aber diese Stille tangiert mich
mehr als alles andere
Etwas Musik von Chopin
während ich ein paar Brote mit Käse belege
Ein bisschen Tschaikowsky
während ich das erste Paderborner knacke
und mir einen guten Schluck genehmige
Das tiefgelegte
pechschwarze
mit Brandlöchern
versehene Stoffsofa
wartet auf mich
Ein Notizblock und
ein Kugelschreiber und
ich setze mich und
warte auf Eingebungen
Vielleicht schreibe ich eines Tages
etwas bedeutsames
welterschütterndes
was die Sonne verblassen lässt und
mich in Ruhe sterben lässt

Ein Werk
dann kann ich gehen